नई पहचान

Copyright © 2018 Abhishek Kumar Gupta

All rights reserved

All rights reserved by author. No part of this publication may be reproduced, stored in a retrieval system or transmitted in any form or by any means, electronic, mechanical, photocopying, recording or otherwise, without the prior permission of the author.

First Published in February 2018

Blue Rose Publishers
www.bluerosepublishers.com
info@bluerosepublishers.com
+91 8882 898 898

ISBN: 978-93-87792-32-6

Cover Design:
Khhyati Mittal

Layout Design:
Saakshi Kaushal

Distributed by: Blue Rose, Amazon, Flipkart, Shopclues

अनुसूचि

चुनाव का सच

एक लम्बी कतार मे
कुछ मित्रों के साथ मे
वोट देने के खातिर
हम भी खड़े थे
धक्के-मुक्की की मार में
पहचान पत्र के साथ मे
आगे बढ़ने के होड़ मे
हम भी पड़े थे
कोई हीरो के जैसे थे
सजकर के आये
तो कोई सड़कछाप
बनकर के खड़े थे
कुछ आशिक मिजाज लफंगे
तितलियों के तलाश मे
अपनी तिरछी नजरो को
दौड़ाये पड़े थे
बूढ़े मियां भी रंगे थे
अपने ही रंग मे
जो हर एक खबर के लिए
आतुर बड़े थे
सभी दल के प्रत्याशी
बस मत के ही मद मे

हर एक वोटर के आगे

अपने दोनो हाथो को जोड़े पड़े थे

तो कोई किसी मतदाता के ऊपर

एक मत के ही आस मे

अपनी लाचार नजरो से

ताड़े पड़े थे

पुलिस वाले भी थे

अपने भरपूर रंग मे

वो भी हर एक किसी को

हड़कायें पड़े थे

पर इन सबसे दूर

रोटी को मजबूर

अपने बच्चों के खातिर

कुछ ठेलेवाले खड़े थे

उन्हें इल्म न था

इस चुनावी संग्राम का

वो तो बस चंद रूपयों के

खातिर खड़े थे

हकीकत तो शायद यही है ऐ यारों

कि वो मोल कैसे करेगें इस मत का

जिनके घर मे ही

खाने के लाले पड़े थे

******

यादें दोस्तो की...

कहा गए वो संगी–साथी
जो साथ मे मेरे रहते थे
हर पल हर क्षण हर लम्हों मे
जो मिलकर मस्ती करते थे

बात–बात पर लड़ना झगड़ना
मारपीट भी करते थे
पर कॉलेज से घर तक हम सब
हरदम संग–संग रहते थे

रात रातभर मस्ती करना
रोज ही पार्टी करते थे
मुफत की दावतबाजी करने
साथ–साथ हम चलते थे

कॉलेज की प्रॉपर्टी को हम
दिनभर ताड़ा करते थे
चाल माल और गाल देखकर
नित नए नाम दिया करते थे

मस्ती के दिन थे वो यारो
जिसमे हम सब जीते थे

एक दूजे की खुशी के खतिर
जान छिड़कते रहते थे

बीत गये वो दिन मस्ती के
अब हर पल हम रोते है
बोझ जिंदगी के हिस्से का
लेकर संग मे ढ़ोते है

******

एक दिन (Parody)

एक दिन दुश्मन भी दोस्त बन जाएगे
हर चमन मे फूल खुशियो के खिल जाएगे
चॉद पर भी तिरंगा जब लहरायेगा
एक दिन ऐसा प्यारा समय आयेगा

ना हिन्दू–मुस्लिम ,ना जाति–धरम
सारे मजहब का ईश्वर एक हो जाएगा
ऑखो से ऑसू नफरत के बह जाएगे
एक दिन ऐसा भी हम समय लायेगे

आतंकवादियों के भय दिल से मिट जाएगे
भारत और पाक दोनो एक हो जाएगे
उस दिन धरती पर जन्नत नजर आयेगा
एक दिन ऐसा भी जब समय आयेगा

दोनो सरहद के जंग बंद हो जाएगे
मॉ के दिल के कमल फिर खिल जाएगे
हर शहीदो को भी तब सुकुन आयेगा
जिस दिन ऐसा भी एक समय आयेगा

******

शाहरूख की बारात

जिंदगी मे कभी खुशी कभी गम आते रहेगे
लेकिन हम तुम्हारे है सनम ये दिल से कहेगे

डुब्लीकेट ,बादशाह से डर के रहेगे
राजू बन गया जैंटलमैन ,वीर—जारा कहेगे

जब दिल वाले दुल्हनियाँ ले जायेगे
तब मोहब्बते की बाते हम जोश मे करेगे

त्रिमूर्ति भी उसमे बाराती बनेगे
हर काम मे मै हूँ ना वो खुद ही कहेगे

अशोका , देवदास और डॉन भी रहेगे
सब दीवाना होकर के नाचा करेगे

कुछ बाजीगर ,वन टू का फोर करेगे
कुछ दिल तो पागल है कि बाते करेगे

शक्ति भी आकर के चमत्कार करेगे
कोयला से भी कुछ कुछ होता है कहेगे

परदेश मे भी स्वदेश से बाराती आयेगे

देख इंग्लिश बाबू देशी मैम सब कहेगे

करन अर्जुन ,चलते–चलते मस्ती करेगे
हर बात पर वे यस बॉस हॅसकर कहेगे

कल हो न हो आज ही हम सब कुछ करेगे
काल की मस्ती मे सब धमाल करेगे

मिलकर भी कभी अलविदा ना कहेगे
शाहरूख की बारात मे उसके फैन भी चलेगे

******

क्या लिखॅू

कलम की ताकत को पहचान नही पाता

लिखना चाहता हूॅ कुछ पर लिख नही पाता

लिखने की कला को समझ नही पाता

क्या करूॅ मै कुछ लिख नही पाता

दिल की गहराई मे उतर नही पाता

प्यार के एहसास को महसूस नही कर पाता

कुछ अच्छा विषय मुझे मिल नही पाता

क्या करूॅ मै कुछ लिख नही पाता

राजनीति की उलझन मे उलझ हूॅ जाता

लिखता हूॅ कुछ पर लिख कुछ है जाता

सारा वक्त लिखने की सोच मे ही गुजर जाता

क्या करूॅ मै कुछ लिख नही पाता

******

तुम्हारी लाडली (Parody)

सुनो ध्यान से दुनिया वालों

कहते है हम बात भली

हमें भी थोड़ा प्यार करो

हम सब भी तुम्हारी लाडली

हमें भी थोड़ा.....................

लिंग परिक्षण करवा करके

तुमने हमको मार दिया

इस दुनियाॅ में आने का हक

क्यो हमसे है छीन लिया

एक लड़के के खातिर तुमने

दे दी हमारी आहुती

हमें भी थोड़ा.....................

मॉ बनकरके हमने तुमको

यह सुन्दर जग दिखलाया

पत्नी बनकर संग तुम्हारे

खुद को जिन्दा जलवाया

आज वही मॉ तुम बच्चों से

अपना जीवन मॉगती

हमें भी थोड़ा.............................

उस ईश्वर ने हमें बनाकर
संग तुम्हारे भेजा है
बिन नारी के ये दुनिया क्या
वो ईश्वर भी अधूरा है
उस ईश्वर की इस रचना को
क्यूं दुनिया दुत्कारती

हमें भी थोड़ा.............................

अगर यही हालात रहे तो
एक दिन ऐसा आयेगा
बेटियों की किलकारी से जब
घर सूना हो जायेगा
तुम सब के इस किये करम पर
रोयेगी मॉं भारती

हमें भी थोड़ा.............................

******

एक खता

एक खता जो हुई थी अंजाने मे मुझसे

उसी एक खता पर मै इतरा रहा हूॅ

क्या जादू किया तूने उस वक्त मुझपे

जो अब तुझसे मिलने को उतला रहा हूॅ

मुझे ना खबर है ये कैसी पहेली

जो बिन देखे तुझसे मै बात कर रहा हूॅ

इस अंजाने रिश्ते का क्या अंत होगा

बिना सोचे मै जो ये काम कर रहा हूॅ

खुदा मेरा मुझसे भी रूठा हुआ है

मै जो तेरी इबादत सुबह–शाम कर रहा हूॅ

तू है कौन मेरी मुझे इल्म तक नही हैं

जो मै तेरे लिए खुद को बदनाम कर रहा हूॅ

लाख चोटो से भी मै ना घायल हुआ था

मगर आज तुझ पर मै फ़ना हो रहा हूॅ

क्या हालत है मेरी तुझे कैसे बताऊॅ

बस हाल–ए–दिल मै खुद महसूस कर रहा हूॅ

तेरी सौंदर्यता से मुझको मतलब नही हैं

मै तो बिन देखे तुझसे ही प्यार कर रहा हूॅ

अपने ख्वाबो मे बना एक छोटा सा आशियाना

उस आशियाने मे तेरा इंतजार कर रहा हूँ

******

दुर्भाग्य

मैली–सी साड़ी पहन के जब
वो औरत घर से निकलती हैं
मेरी ऑंखे उस पर पड़ती है
और मन मेरा सोचने लगता   है

ये भारत देश भी हैं धन्य जहाँ
गरीबो की है कद्र नही
उनके ऑंसू की वकत नही
उनके पीड़ा की फिक्र नही

हर पैसेवाला कहता इन्हे
गन्दी नाली के कीड़े
पर ये बेचारे बोले क्या
जो पानी को भी तरसते है

उस औरत की भी चाहते है
दो पल के लिये खुलकर हॅसना
पर ये दुनिया वाले उसको
ऐसा करने नही देते है

वो भाग्य नही बन सकती तो
दुर्भाग्य हैं वो इस भारत का

जहाँ औरत को लक्ष्मी कहते तो
इस लक्ष्मी ना अपमान ये क्यूँ

******

मेरी चश्मिश (Parody)

मेरे दिल की कुंडी को खट–खट खटकाती है
ना खोलूँ जो कुंडी तो वो मुँह लटकाती है

अरे चश्मेंवाली इक मैडम इस दिल को भांति है

कहना चाहे वो मुझसे कुछ ,पर न कह पाती है
जाने किस बंदे से मैडम इतना घबराती है
सुबह शाम बस चैटिंग करके बाते करती है

अरे चश्मेंवाली इक मैडम इस दिल को भांति है

वो मेरी है मै उसका हूँ , वो मुझसे कहती है
ऑखों ही ऑखो मे मुझसे वो बाते करती है
कभी वो सजकर कभी सँवरकर मुझसे मिलती है

अरे चश्मेंवाली इक मैडम इस दिल को भांति है

अरमानो के ख्वाबगाह में ,मेरे संग रहती है
चैन से बैठ के बड़े शौख से वो मुझको सुनती है
मुझ पगले की कविता सुनकर वो मुस्काती है

अरे चश्मेंवाली इक मैडम इस दिल को भांति है

******

बहन जी

लोक कल्याण के पैसे को
जो मूर्ति निर्माण पर लुटाती है
कोई और सवारी ना भाये जिसे
हाथी की सवारी ही भॉति है

भारत ही नही पूरी दुनिया मे
जिसे लोग जानते पहचानते है
वरूण भी जिसके नाम से ही
डर करके थर–थर कांपते है

वरमाला से है परहेज जिसे
पर नोटो की माला उन्हे भॉति है
अरबो रूपयो की सम्पत्ति को
जो दलित का प्रेम बताती है

मै नाम अगर ना लॅू उनका
तो भी लोग समझ उन्हे जाते है
घर–घर के बूढ़े और जवान
जिन्हे *बहन जी* कहके बुलाते है

ब्राह्मण , ठाकुर और बनियां को
जो जूते चार लगाती है
और दलित जाति के लोगो से

हमदर्दी खूब जताती है

क्या नाम मै उनका बतलाऊ
कुछ कहते हुए भी डरता हूॅ
वो शान है उत्तर प्रदेश का
बस इतनी बात मै कहता हूॅ

******

नेता नाम का खतरा

टोपी कुरता और पैजामा

नेता नाम हैं सबने जाना

सारी दुनियॉ इससे रोती

पर ये हँसता जाता हैं

हर कोई फँसता इसके जाल मे

पर ये कभी न फँसता है

इसने अपने धरम को बेचा

इसको सबने जाना है

नेता नाम का लेना खतरा

ये भी सबने माना है

वोट–नोट से इनका रिश्ता

धरम करम न जाने है

रिश्वत देवी इनकी पत्नी

जिनके आगे ये हारे है

इनके चक्कर मे जो फँसता

मर जाता वो प्यारे है

इनसे बचकर तुम भी रहना

कहता हूँ तुम सब से मै

नेता नाम का लेना खतरा

रहना तुम भी बचके

******

कॉलेज के दिन (Parody)

करलो मस्ती और हो जाओ बिन्दास

ये दिन अब फिर न आयेगे

उठो ! बैठे हो क्युं ऐसे उदास

ये दिन अब फिर न आयेगे

कर लो मस्ती........................

कॉलेज जाने के लिए सजके निकलना

कॉलेज में बस मस्ती करना

रफ कॉपियों के वो सारे किस्से

सींटो पर नामों को लिखना

आज भी है दिल में वो तस्वीर

जिसे हम भूल ना पाएगें

कर लो मस्ती...............................

यारो के संग मे टॉकीज जाना

स्टेशन पर टाइम बिताना

धनबाद का वो तीखा समोसा

खाने को लाइन लगाना

काश फिर आये दिन वो हसीन

जिसे हम याद करते है

कर लो मस्ती............................

जीवन के इस रंगीले सफर में
कल जब हम तनहा रहेंगे
कॉलेज के इन दिनों को याद करके
ऑंखो से ऑंसू बहेंगे
याद करके उठेगी इक टीस
मगर ये दिन ना आयेंगे

कर लो मस्ती............................

******

देवी राखी सावंत

आप ने कैसे–कैसे गुल है खिलाये

कभी मीका तो कभी अभिषेक से चक्कर चलाये

महिमा आपकी हमे समझ मे ना आये

हे देवी ! तेरे आगे हम सर है झुकाये

कपड़ो से आपको एलर्जी हो जाये

मीका की करतूत आपको थोड़ा सा रूलाये

ऐसे–ऐसे जगहों पर आप टैटू बनवाये

जो देखे वो भी शरम खा जाये

आप के इस दिलेरी पर हम मंद–मंद मुस्काएं

हे देवी ! तेरे आगे हम सर है झुकाये

नाक की सर्जरी कभी आप करवाये

देखकर आपको हर बंदा ललचाये

हर दिन आप नये–नये ब्वॉयफ्रैंड बनाये

अच्छे–अच्छो के पलभर मे छक्के छुड़ाये

आइटम गर्ल का तगमा हम आपको पहनाये

हे देवी ! तेरे आगे हम सर है झुकाये

टी0वी0 पर स्वयंवर के विज्ञापन निकलवाये

कड़ी चुनौता को पार करके जो पास आये
उसे शादी के नाम पर आप ठेंगा दिखाये

इलेश बेचारा सगाई करके पछताये
हे देवी ! तेरे आगे हम सर है झुकाये

******

अपनी सरकार

धन दौलत की माया को हम
हाथी की सैर करायेंगे
अब हम नवयुवक मिल करके
दिल्ली सरकार चलायेगे

सब ऊँच-नीच के भेदभाव को
भूल करके कदम बढ़ायेंगे
आतंकवादियों जैसे घर के भेदी को
हम खुलेआम कटवायेंगे

कांग्रेस भाजपा सपा बसपा
सभी पार्टियों के नाम मिटवायेगे
इन पार्टी के नेताओं को
सरहद पर जंग लड़वायेगे

ना होगा कोई लोकसभा
ना होगा कोई राज्यसभा
इन दोनो सदनो के जगहो पर
हम शहीद भवन बनवायेगे

घर-घर मे दीपक खुशियों के

सब मिलकर के दीप जलायेगे
अपने खाने की थालियों मे
जब लोग रोटियाॅ पायेगे

शिक्षित होगे हर गाॅव नगर
बेटियों को लोग पढ़ायेगे
जो इनकी भ्रूण हत्या करते है
उन्हे हम प्रेम से सबक सिखायेगे

हम मिलकर अपने देश को अब
इन नेताओं से मुक्ति दिलायेगे
और दिल्ली सरकार मे बैठके हम
एक भारत नया बनायेगे

******

नेता जी (Parody)

शहीदों की चिताओं से जो आग ले
गरीबो का जो पेट खुद ही काट ले
धरम के नाम पर जो बैठे कुरसी पर
नेता उसी का नाम है.....................

शहीदों की चिताओं.....................

तन के उजले मन से ये बेकार है
ये सभी पे करते अत्याचार है
खुदा का नाम भी जो बेच खाते है
उसे भी टेन्ट के नीचे सुलाते है
मजहब के नाम पर जो दंगे करवायें
नेता उसी का नाम है.....................

शहीदों की चिताओं.....................

ना कोई वजूद ना ईमान है
जनता इनके वादों से परेशान है
घोटाले करके अपनी जेबे जो भरे
वतन के नाम को नीलाम जो करे
सदन में बैठकर जो गालियाॅ बके
नेता उसी का नाम है.....................

शहीदों की चिताओं.........................

भ्रष्टाचारी अफसरों के ये गुरू
सारे काले धंधे हो इनसे शुरू
सलाखो के जो पीछे आज रहते है
वही इस देश पर कल राज करते है
विलासिता के रंग जिसमें हो भरे
नेता उसी का नाम है.........................

शहीदों की चिताओं.........................

******

सपनों का संसार

कुछ ऐसा हो घर–द्वार मेरा
सपनो से सजा संसार मेरा

जहाँ सोया रहूँ मै बिस्तर पर
तो वो आकरके मुझे प्यार करे
भानू की सुन्दर किरणों से
सज–धज कर वो श्रृंगार करे

वो हो बिलकुल भारतीय नारी
जो मातृभाषा से प्रेम करें
पर हाई–फाई सी सोसायटी में
इंग्लिश लैंग्वेज में बात करे

हाथो में चाय की प्याली लिये
मेरे अधरों का वो पान करे
बिस्तर पर बैठ के प्रेम से वो
कोयल का गुंजन गान करे

उठियेना सवेरा हो गया है
कह करके मुझे वो जगाया करे
मै अलसायी सी नजरे लिये
उसको बॉहो में भींचा करू

जब दफ़्तर को मै रेडी रहूँ
तो वो मुझको गुडबॉय करे
घर के सब लोगो से नजर बचा
तिरछी ऑंखों से वार करे

दफ़्तर मे जब मै बैठा रहूँ
तो फोन मुझे बार–बार करे
आई लव यू डार्लिंग कह करके
मिस यू किस यू सौ बार करे

जब थक कर आऊँ दफ़्तर से
तो घर जन्नत सा चमका करे
और हाथो मे ठंडा पानी लिए
वो हँसते हुए मुझे दिया करे

कपड़ा जल्दी से बदल के मै
टेस्टी खाने का इनज्वाय करूँ
फिर खा पीकर जल्दी से मै
बेड पर उनका इन्तजार करूँ

जब काम से खाली होकर के
बेडरूम में वो एन्ट्री मारे
तो फिर हम दोनो लाइट बुझा
कमरे मे अपना काम करे

अब और क्या आगे बतलाऊँ
यार इतना तो अब समझा करो
हम दो से तीन हो जाऍं जब
उस दिन का सब इंतजार करो

******

भारतवर्ष

यह देश है मेरा भारतवर्ष
यहाॅ चारों तरफ खुशियाली है
और दूर–दूर तक फैली हुई
यहाॅ धरती पर हरियाली है

अरबों आबादी यहाॅ कि है
जो हर गाॅव शहर मे बसती है
मुल्क के खातिर मिटने का जज़्बा
यहाॅ सबके दिल मे सजती है

यहाॅ गाॅव की सोंधी मिट्टी से
आजादी की खुशबू आती है
उस बीते हुए इतिहास को जो
एक पल में बयां कर जाती है

सब प्रेम से यहाॅ की धरती को
माता की संज्ञा देते है
होली , वैसाखी जैसे त्योहारों मे
इसी माता की पूजा करते है

पत्थर मे भी श्रद्धा से सब
भगवान के दर्शन करते है

उस निराकार परमात्मा को
पत्थर में समेटा करते है

हिंदू , मुस्लिम , सिक्ख , ईसाई
सभी धर्म के लोग यहॉ पर रहते है
पर प्रेम के बंधन में बॅधकर
वो खुद को हिन्दुस्तानी कहते है

मेहनत का कमाया जो मिलता
वही सब के मन को भाता है
अपने धन की लोलुपता मे
दुर्बल को सताना ना आता है

यहॉ मॉ की ममता के आगे
ईश्वर भी सजदा करते है
जो अपने बच्चों की खातिर
हर दर्द को हॅसकर सहती है

कहने को तो हर कोई कहता
भारत हर दिल को भाता है
पर इसे समझ वही सकता है
जो भारतीय बनकर जनम यहॉ लेता है

******

नशा (Parody)

भारत के नवयुवक जब लुट जायेगे

दारू के धार में जब वो बह जायेगे

अपनी ही गलती पर तब हम रोयेंगे

छोड़ो ये नशा छोड़ो ,त्यागो ये नशा त्यागो

,

भारत के नवयुवक.............................

कैंसर , टी0बी0 और दमा हमको डॅसते है

बीड़ी , तम्बाकू , नशा हम पर हॅसते है

सिगरेट के छल्ले उड़ा कर चलते है

गांजा और भांग , चरस फंदे कॅसते है

लाखो चिताओं से है धुन्ध कैसा छाया

छोड़ो ये नशा छोड़ो.........................

सरकार मूॅक होकर सब देखती है

वो तो बस अपनी ही जेंबे भरती है

इन धंधो को बंद करती नही है

वो तो बस घाटे के नाम से डरती है

ऐसी सरकार को हम क्या कह बुलाऍ

छोड़ो ये नशा छोड़ो.........................

बीयर के आगे दुनिया को भूले है
छोटी उमर में ही मौत पर झूले है
कोरेक्स , आयोडेक्स खाकर जीते है
इंजेक्सन के डोज हॅस के लेते है
दुनिया के फैशन ने इनको बिगाड़ा

छोड़ो ये नशा छोड़ो.........................

जो भी सुनता है मुझे सबसे कहता हूॅ
हाथ जोड़ सबसे ये विनती करता हूॅ
छोड़ दो नशे ने लाखों घर है उजाड़ा
दुनिया के लोगो को इसने बिगाड़ा
इन बातो पर ध्यान देना जरूरी

छोड़ो ये नशा छोड़ो.........................

******

अधर्म का पाठ

हिन्दू क्यूँ हिन्दू होकर के
हिन्दू का मजहब है डुबो रहा
अपने ही देवी–देवता को
क्यूँ खुलेआम है बेंच रहा

राम कृष्ण की इस भूमि पर
दो मज़हब को है लड़ा रहा
राम का नाम वो लेकर के
अपना काम है बना रहा

अयोध्या का झांसा देकर के
वो वोट है अपना बना रहा
और धर्म का झूठा पाठ पढ़ा
मंदिर , मस्जिद को गिरवा रहा

कभी सेतु समुद्र की आंड़ मे
हिन्दुओं को ही लड़ा रहा
और स्वयं बैठकर शांति से
इस मज़हबी दंगे को देख रहा

यही हाल हैं अपने भारत का
जहां धर्म के नाम पर लड़ते है

और कुर्सी का सुख पाने के लिए
ईश्वर की निलामी करते है

यह शर्म की बात हैं उनके लिए
जो खुद को धर्माधिकारी कहते हें
और एक मंदिर बनवाने के लिए
सौ मस्जिदों को तुड़वाते हें

वो लाख बनवाले देवालय
पर उसमे ईश्वर नही बसते हें
जब उसी के जन्में हुए बंदे
उसी के नाम पर हॅसते हें

अगर धर्म की खातिर दुनिया मे
कुछ करना है तो यह काम करो
जो खुदा का तौहीन करते हें
ऐसे भजनो को बंद करो

ईश्वर के नाम को मजाक बना
जो फूहड़ भजन सुनाते है
और देवों के नाम पर ग्रहण लगा
अपनी जेबों को भरते हें

वो भक्ति रस के आड़ मे
अपशब्दो की वर्षा करते है

और सभी धर्मों के नजरो मे
अपने धर्म को तौहीन करते हैं

करबद्ध निवेदन करता हूँ
मै हिन्दू धर्म के लोगो से
हिन्दू धर्म के सम्मान को वो
बचाले इन अपमानों से

तो नाम राम का लेकर के
एक आंदोलन अब शुरू करो
जो धर्म को ही मजाक बनाते है
ऐसे भजनो को बंद करो

******

दीवाने

वो कॉलेज मे जब आती है
हम उसके दीवाने होते है
वो आगे–आगे चलती है
हम उसके पीछे रहते है
वो अपनी चंचल अदाओं से
हम बस को पागल करती है
जुल्फों के काले साये से
हम सब पर जादू करती है
ऑंखों मे शराब का जादू है
ओंठो पर गुलाब–सी लाली है
उसकी यही मदमस्त अदायें ही
हम सब को दीवाना करती है
ऊपर से वो थोड़ी चंचल हैं
पर दिल से बड़ी वो भोली है
ऑंखो से इशारे करके वो
मेरे दिल पर चलाती गोली है
दिन–रात दुआ अब करता हूँ
मै अपने ऊपर वाले से
वो इस दिल की मुस्कान बने
जब तक इस दिल मे जान रहे

******

मेरा साथी (Parody)

नैन जब से लड़े संगणक से मेरे
एक चश्मा मुझे **गिफ्ट** मे मिल गया
अब मैं देखूँ भला और देखूँ किसे
मेरी पी0सी में मुझको जहां मिल गया

नैन जब से ....

सुबह उठते ही उसको जगाता हूँ मै
क्या–2 करना उसे सब बताता हूँ मै
सारे दिन बिन थके काम करती है वो
और एक शब्द मुख से न कहती है वो

उसकी अच्छाइयों का मै कायल हुआ
और युं अपना **फ़साना** भी बनता गया

नैन जब से ....

देखने में है स्लिम **ट्रिम** और जीरो फिगर
चार्ल्सबैबेज के ऊँचे घराने से वो
मेरी बातो को पल में समझ लेती है
और बिन बोले सब कुछ वो कर देती है

उसकी आदत यही मुझको भाने लगी
और मै उसका दिवाना युं बनता गया

नैन जब से ....

लाखो भॅवरें चमन में तो मिल जायेंगे
लेकिन मुझसा कोई भी मिलेगा नही
प्रेमलीला करे जो एक कंप्यूटर से
ऐसा आशिक कोई भी दिखेगा नही

कहने वाले कहे मुझको पागल भी तो
अब मुझे ऐसी बातों की परवाह नही

नैन जब से ....

******

पतन

हो रहा अग्रसर पतन की ओर

यह देश हमारा भारतवर्ष

शायद ! यह भी मिट जायेगा

औरो देशो के जैसे ही

कोई भी जान सकेगा नही

कि था कैसे यह भारतवर्ष

कैसे थे यहा के जनवासी

कैसी थी इसकी संस्कृति

क्या खास था यहाँ के मिट्टी मे

जिसे धरती माता कहते थे

इसी धरती माता के खातिर

सीने पर गोलियां खाते थे

मीरा , कबीर और सूर को सब

कहकर ढ़ोंगी दुत्कारेगे

छोटा राजन और दाऊद की

आरती सभी उतारेगे

नेताओं का ही गठबंधन

बन जायेगा इसकी परिभाषा

हर होने वाले इलेक्शन को

वो वोट का धंधा पुकारेगे

कैसी होगी वो दीन–दशा

जिसे देख ना पायेंगी अखियाँ

इसी कारण से अभी ही मैने

उस दीन-दशा को सोच लिया

******

एक आरजू

आओ बैठो जरा बात मुझसे करो
दो घड़ी बस ठहर कर चले जाइए
दुनिया की भीड़ मे मै हूँ तनहा खड़ा
मेरे इक पल के साथी बस बन जाइए

आपके आने सासें थम सी गई
आपके छूने से दिल सहम जाता हैं
मेरी ऑखों मे आखें जरा डालकर
दो घड़ी बात मुझसे भी कर लीजिए

उम्र ढ़ल सी गई है तो फिर क्या हुआ
प्यार दिल से कभी कम तो होगा नही
मेरे दिल की शिकायत है तुमसे सनम
उस शिकायत को बस आप सुन लीजिए

जाने क्या मोड़ ले ये मेरी जिन्दगी
मेरी सांसों का कोई ठिकाना नही
प्यार करके मुझे ऐ मेरे हमसफर
चंद लम्हों की खुशियां तो दे दीजिए

******

ज्ञान की ज्योती (Parody)

जलाई ज्ञान की ज्योती

जो हमने आप के मन मे

सदा उस ज्योती की ज्वाला

को आप संजोय के रखना

जलाई ज्ञान की...................

कभी जो राह मे बनकर

मुसाफिर हमसे टकराना

तो फिर सम्मान देकर के

हमारा मान तुम रखना

हमे तुम भूल करके भी

कभी न भूल पाओगे

हमें जितना भुलाओगे

हम उतना याद आयेगे

जलाई ज्ञान की...................

बना लो लक्ष्य अपना तुम

तुम्हे जो कुछ भी हो बनना

मिलेगी एक दिन तुमको

सफलता याद तुम रखना

करो जी–जान से मेहनत

तुम्हे मंजिल को पाना है

करो तुम नाम दुनिया में

यही अपनी तमन्ना है

जलाई ज्ञान की...................

मिली तुमको यहाँ शिक्षा

ये हरदम याद तुम रखना

यहाँ से दूर जाकर तुम

इसे बदनाम मत करना

करो कुछ काम ऐसा तुम

कि इसका नाम रोशन हो

सभी के दिल जुबा पर बस

इसी के नाम का दम हो

जलाई ज्ञान की...................

******

बिदाई दर्द बिछड़ने का

जब संग किसी के रह करके
हम उनसे बिछड़ने लगते है
तो क्यूँ ऑंसू के कुछ मोती
ऑंखो से बिखरने लगते है

उन अजनबियों के साथ को भी
क्यूँ मन ये तड़पने लगता है
किस रिश्ते के कारण ये दिल
फिर मिलने को तरसने लगता है

ये मिलने बिछड़ने का लम्हा
क्यूँ जीवन मे हर पल आता है
जिस पर हम प्यार लुटाते है
उन्हे हमसे जुदा कर जाता है

यही रीत है शायद इस दुनिया की
जहॉं हर पल ये क्षण आता है
और इसी जुदाई के पल को
शायद ! दुनिया मे बिदाई कहा जाता है

******

स्नेह आपका

थी जो कमियाँ मेरे अंदर
पूरा कर दिया उसे आपने
जो काँटें थे राह मे मेरे
फूल बना दिया उसे आपने

बेरंग जिंदगी मे आकर के
भर दिया खुशी का रंग आपने
आशा थी जो कुछ बनने की
उन्हे दिखाया राह आपने

ऑंखों मे जो कुछ थे सपने
पूरा कर दिया उसे आपने
हम बेखबर थे जिन रिश्तों से
उन्हे निभाना सिखा दिया आपने

प्रेम की परिभाषा होती क्या
वैभव बन बता दिया आपने
थोड़ी थी जिंदगी *अभी* की
उसे और बढ़ा दिया आपने

बनकर मेरे सच्चे हमदम
मुझे जीना सिखा दिया आपने

******

सलमान का दर्द

ओ गॉड तुस्सी ग्रेट हो

सबको तूने लाइफ पार्ट्नर हैं दिया

पर मुझको मझदार मे छोड़ दिया

चोरी चोरी चुपके चुपके मै खामोशी मे रोता हूँ

बन जाऊँ किसी का सांवरिया

दिन रात दुआ मै करता हूँ

जब प्रियंका को मै देखता हूँ

मुझसे शादी करोगी कहता हूँ

हम दिल दे चुके सनम भइया

वो हसकर मुझसे कहती हैं

भाग्य श्री से मैने प्यार किया

जानेमन कहके मैरीगोल्ड दिया

हैलो ब्रदर वो मुझसे कहने लगी

और नो एन्ट्री मुझे दिखा दिया

बागबान मे देखकर महिमा को

हम तुम्हारे हैं सनम मै कहने लगा

तो जानम समझा करो कहकर मुझको

वो युवराज के संग मे चली गयी

काजोल से मैने कह डाला

जब प्यार किया तो डरना क्या

वो अजय का वास्ता दे करके

हम आपके हैं कौन मुझे कह डाला

करिश्मा से जब मैने कहा

दुल्हन हम ले जायेगे

अपने साजन का प्यार बता

वो बोली तुमको हम भूल जायेगे

तब गॉड ने ये है जलवा दिखा दिया

एक लड़की से मुझको मिला दिया

जिसे देखके कुछ कुछ होता है

जब प्यार किसी से होता हैं

लड़की का नाम था कैटरीना

जिसे मै सलाम–ए–इश्क करता हूॅ

और प्यार से उसके बाबुल के आगे

तेरे नाम मै ये दिल करता हूॅ

******

8 बजे का राज

बातो मे चपलता आती है

क्यो 8 बजे के बाद

चितवन मे चंचलता छाती है

क्यो 8 बजे के बाद

आदते बदलने लगती है

क्यो 8 बजे के बाद

होंठो पर नशा छा जाता है

क्यो 8 बजे के बाद

ऑखो मे चमक आ जाती है

क्यो 8 बजे के बाद

चेहरे पर दमक आ जाता है

क्यो 8 बजे के बाद

हर अंग महकने लगता है

क्यो 8 बजे के बाद

दिल बेकाबू होने लगता है

क्यो 8 बजे के बाद

क्या नया घटित कुछ होता है

इस 8 बजे के बाद

क्या कोई मिलने आता है

इस 8 बजे के बाद

या किसी से बाते होती है

इस 8 बजे के बाद

अब खोल भी दो

हैरान हूॅ मै
इस 8 बजे का राज

******

मेरी दुविधा

छोटी सी बूँद को भी

कोई सागर कह जाता है

जहाँ कुछ न मिले

वहाँ से भी शब्द खोज लाता है

यही बात मेरे समझ मे ना आता है

आखिर कोई कैसे कविता लिख जाता हैं

बस कुछ शब्दो मे ही

बड़ी–बड़ी बाते लिख जाता है

अच्छे अच्छों की खटियां

खड़ी कर देता है

मै बुत बनकर केवल सोचता रह जाता हूँ

आखिर कोई कैसे कविता लिख जाता है

कोई बहती हुई हवा की

पीड़ा समझ लेता है

कोई बरसतें हुए बूँदों को

आँसू बना देता हैं

वर्षों बीती हुई बातो मे भी सजीवता ला देता है

आखिर कोई कैसे कविता लिख जाता है

******

अंतिम समय

जब समय मेरा भी पूरा हो जायेगा
तो हम भी यहाँ से चले जायेगें

चंद लम्हों मे मेरी दिल–ए–आरजू
मेरे दिल मे ही दब करके रह जायेगे

गाजे–बाजे के संग मेरे अपने सभी
मुझको अंतिम विदाई भी दे आयेगे

लकड़ियो से बने ऊँचे से सेज पर
वो सुला करके मुझको चले जायेगे

कुछ चाहने वाले मेरे चंद पल रोयेगे
लेकिन कुछ पल मे वो भी बदल जायेगे

लेकिन जाने से पहले मुझे जीवन के
कुछ खूबसूरत पल याद आयेगे

याद करके उन्हे मेरे ऑखों से तब
दरिया ऑसू के बेरोक बह जायेगे

अपने अपनो को देख यार मित्रों को देख
मेरे दिल के किस्से न छुप पायेगे

मॉं का ऑंचल पिता का वो साया भी तब
दोनो हमेशा को मुझसे ही छिन जायेगे

ये हकीकत है जिससे मै छिपता रहा
पर अब और जादा न छिप पायेगे

कुछ दिनो रहके जैसे हूँ मै जा रहा
वैसे वक्त आने पर तुम भी चले जाओगे

******

www.ingramcontent.com/pod-product-compliance
Lightning Source LLC
Chambersburg PA
CBHW071511130726
47997CB00006B/2488